記憶をつなぐラブレター

母と私の介護絵日記

記憶をつなぐラブレター　母と私の介護絵日記　目次

2 母との暮らし……33

3 さまざまな症状との向き合い方……69

4 進んでいく症状

5 施設に入ってから
——母とのふれあい……119

プロローグ

記憶をつなぐラブレター

秋風が吹き込み、母が毛布を首まで引き上げる。

私は窓を閉めて、その人の小さな体にそっと手を置く。

認知症の介護がはじまってから12年の歳月が過ぎた。

「ボケちゃった人は気楽でいいよね」などと勘違いしている人も多いが、それは違う。

認知症にはじめに気がつくのはたぶん本人。覚えていられないことや、できないことが少しずつ増えていることにおびえ、それを周囲に気づかれないよう、絶えず取り繕う日々はどんなにつらく悲しいものだろう。

母の不安を少しでもやわらげるため、そして理不尽に奪われていく記憶をつなぐため、日記帖をつけることを思いついた。

天気、食べたもの、何気ないその日の出来事。

表情やしぐさ、言葉のひとつひとつを思い浮かべ、書いていく。あのとき、どんなふうに思っていたのだろう。繰り返されるあの話は大切な思い出なのだろうか。書くにつれ、母への愛しさが募っていった。

まるでラブレターのように、一緒の暮らしが楽しいということ、手伝ってくださったことへの感謝の言葉、尊敬している気持ち、今日の洋服が素敵だったことなども、惜しみなく毎日綴っていった。忘れても、忘れても、読めばそこにうれしい言葉が記されている、というふうにしておきたかったから。

母はこの日記帖に目を留めると、いつも、「おや？　なんでしょう」というふうに読みはじめる。そして、ほめられているくだりでは「うまいこと、書いてるわね」と、お茶目にニッコリ笑ってみせるのだった。

今、母はもう文字を読むことができない。

それでも私は書き続ける。

四季折々の風物、懐かしい思い出、その日の表情やしぐさ……声に出して読んでみる。

母に伝わるだろうか。一緒にいると、ほんわか癒されること。変わらず大好きだということ。そしてあなたに支えられているのだということ。

PICKWICK
お母様へ
お誕生日 おめでとう ございます!
大好きな お母様へ
メリークリスマス!
お母様へ
おたんじょうび おめでとうございます!
お母様へ
いつも優しく 笑顔のすてきなお母様!
お誕生日 おめでとう ございます!
真亜子
平成二十三年二月二十六日(土)

1

介護のはじまり、
そして介護サービスとの出会い

突然の介護

「まだ元気だし、ふたりの方が気楽だから」と、いつも笑顔で同居を拒んでいた夫の両親。

でも、ある日父が病に倒れて緊急入院。ひとりにはしておけないと、夫が連れて帰ってきた母は認知症がはじまっていました。

そういえば以前から父が「この頃、母さんボケちゃってさあ、ごはんは炊いてあるよ、っていうのにまた何度も炊いちゃうから冷蔵庫のなかがごはんでいっぱいになっちゃって。まいっちゃうんだよ」などと話していたことが思い出されます。ただ、そういう話はいつも笑い話として私たちに披露されていたので、深刻なこととは気がつかなかったのです。むしろ母のほうに同情し、それ以上深く話を聞こうともせずにいたことで、父はひとり、母の異変を抱え込み自分の病を悪化させてしまったのかもしれません。

「お父さん、どこに行っちゃったのかしら？　もう帰ります」

その日、父が倒れたことも、救急車で運ばれたことも、ずっと居合わせて知っているはずなのに、なにも覚えていない母。何度も同じ言葉を唱えながら、リビングのソファーでギュッとバッグを抱え、不安なのでしょうか、小きざみに首がゆれています。

このかわいい人を支えたい。その日から、私の介護生活がはじまりました。

お父さん
どこ行っちゃった
のかしら…
もうおそいし
かえります

貼り紙

母がとまどわないように、家のなかにたくさんの貼り紙をしました。

「トイレ」「電気のスイッチ」「お母様の部屋」「玄関のドア。危ないので開けないように気をつけてくださいね」などなど。A4サイズの白い紙に太いマジック。大きな文字で綴ります。

〈文字の力はすごい〉

そう感じたのは、母が我が家に来た最初の日。父がその日倒れたことを覚えておらず、いくら口頭で説明しても「そんなはずはない。帰る」の一点張りだったのに困り果て、とっさにそこにあった紙に「今日お父様は病気で倒れ◯◯病院に入院しました」と、書いたところ、母はその紙を手に取り、「あら、そうなの？　確かにここに書いてあるから間違いないわね」と、急にストンと納得してくれたのです。

母は貼り紙を見つけると、その都度なんだろう？　というように声に出して読みあげます。

「『気をつけてくださいね』だって。この人親切ね」

ある日、ニッコリ笑ってそう言ってくれました。本当は面倒なことにならないようにと、こちらの都合で書いているのに、胸がキュンと痛みます。貼り紙だから、わかればいいと考えてしまいがちですが、やはり、命令口調ではなく、丁寧語など敬語で書くことが大切なのだと思います。

トイレ
トイレの電気と換気扇のスイッチです
しまっております
気をつけて下さいね
ゴミ…ここに捨てていいのかしら…
ドロボウかもしれません
気をつけて下さいね
じっ
ゴミはここに捨てて下さいね

記憶代わりの日記

「知らなかった」

「はじめて聞いた」

はじめの頃、母がよく言っていた言葉です。

すべての出来事や言葉、約束事も、母の脳ミソからポロポロとこぼれ落ち、記憶の器に残ってくれないから、いつも自分だけが聞かされていない、仲間はずれにされている、と怒りと悲しみに満ちた気持ちになっていたのだと思います。

信頼関係は、記憶が積み重なることによって育まれるものなのだとはじめて気づかされます。

そこで、記憶代わりの日記帖を、母の目に留まる場所に開いて置いておくことにしました。

天気、食べたもの、何気ない日々の出来事……でも、なによりも毎日書くべきことは、母への感謝の気持ち。母をとても素敵だと、大好きだと思っているということです。

それはまるでラブレター。照れている場合ではありません。認知症のせいで、忘れてしまう事実を上回る勢いで、いつもいつも、母が周囲から愛され大切にされているのだということを伝えなければ意味がないのです。

ずいぶん
いろんなところに
行ったものね…

片付けられない

父の入院、そして母との同居は突然はじまったので、必要なものを取りに夫の実家に行く必要がありました。訪ねてみると、部屋のなかは一見キチンと片付いているように見えます。

でも、なにかがちょっと変なのです。

いつからそうなっているのか、母のふとんは敷かれたままです。ゴミ箱のゴミがこれ以上はない、というぐらいギュウギュウ詰めになっているのも不気味でした。

そして、部屋の片隅に季節感の秩序もなく奇妙に積み上げられた服を手に取ってみたとき、私はドキリとしました。それらは洗濯されておらず、食べこぼしがこびりついたまま、シミやカビが発生していたのです。

台所はもっと深刻でした。すえたような匂いが充満しています。冷蔵庫のなかには、買ってあることを忘れて何度も買ってしまったのか、ヨーグルトやお豆腐が大量に。電子レンジのなかには、食べ残しを載せた小皿が重なりあうように置かれていたのです。

窓を開け、洗濯機をまわし、台所の食材を処分しながら、なぜだか涙が込み上げてきます。

表面上はほぼ普通に見えても、少しずついろいろなことがわからなくなり、日常生活に支障をきたしはじめていた母の呆然と立ち尽くす姿が脳裏に浮かんでやまないのです。

きちんと片づいているようでいて…
どこか変なのです。
キチ〜〜ン？
ギュウギュウ

もう一度、親孝行

その頃、私は実の父を失ったばかりでした。

「お父さん、ガンなのよ」

実母にそう告げられ、目が覚めたように両親との旅行を計画したり、休みのたびに実家に帰って一緒に時を過ごしたり。あわてて……本当にあわてて親孝行をしてはみたものの、父はみるみるうちに白い枯れ枝のように痩せ細り、半年も経《た》たないうちに鬼籍に入ってしまったのです。

とにかく仕事が最優先。離れていても自分が幸せに過ごしていればそれが親孝行なのだ、と考えていた私。失うことになってはじめて、そうではなかったことを知りました。親孝行とはなによりも寄り添うこと。その人の幸せを思って行動し、その人の喜ぶ顔をそばで見届けること。そして、それは自分の喜びでもあるのだと、そんな当たり前のことに気づいたときには、もうその人はいないのでした。

こんなふうに言ったら語弊があるかもしれないけれど、介護の必要な夫の両親との同居は、神様からのプレゼントのように思えたのです。親孝行ができなかったと後悔の念にさいなまれていたときに、もう一度、親孝行をするチャンスが与えられるとは、なんて幸せなのだろう！　と、偽善ではなく思うことができたのです。

親孝行 しなさいね
さびしい思い させないでね
はい！
これで いいんですね

家族のぬくもり

「ただいま！」と扉を開けると「おかえりなさい！」と返ってくるふたつの声。

リビングのソファーには退院した父と母、ふたつの笑顔が並んでいます。夫の両親との同居は忘れていた家族のぬくもりをもたらしてくれました。介護をしていると言うと、皆「大変ね」「ご両親もお喜びでしょう」と言ってくれます。でも実は救われたのは私の方だったのです。

思えば社会に出てから20年、ずっと仕事優先の毎日でした。私にとって、仕事のハードルはいつも高いところにあり、相当頑張らないと越えられません。相当頑張っても越えられず、打ちのめされることも少なくないのが現実でした。それでも負けたくない、弱音を吐いたら、夢もアイデンティティーもすべて失ってしまうと、強い自分を装い、走り続けるしかなかったのです。

〈両親の介護〉という理由は、そんな私に優しい強制ブレーキをかけてくれたように思います。

ほんわか温かい笑顔を向けてくれる人がいつもそばにいること。料理をつくればおいしい、おいしいと応《こた》えてくれる人がいること。困ったことがあるの、と、頼ってくれる人がいること。交わす言葉に裏も表もなく、素直に受けとめ、信じることができる安らかな空間。

家族のぬくもりは、私に新たなエネルギーと、新たな幸せのカタチを教えてくれることとなったのです。

ピカ
ピカ
ピカ
ピカリ
ピカ

はじめての告白

認知症のことを一番はじめに気づくのは、実は本人なのだそうです。

「私ね、なにも覚えていられないの……おかしくなっちゃったのね」

西に日が傾く頃、母はお茶を飲みながらポツリと告白します。

認知症になると、新しい記憶が残りません。だから、たとえ3年前から周知の事実で、昨日の今頃同じことを言っていたとしても、本人にとってはいつもはじめての告白なのです。

周囲に悟られないように繕いながら、記憶が失われる不安のなかで生きている母が、その秘密を告げてくれました。この人にならば……と、思ってくれたのでしょうか。

ありがとう、お母さん。私は小柄な母をキュッと抱きしめたくなる。大丈夫。お母さんはいつも素敵。テキパキ行動したり、記憶したりするのは若い人に任せておけばいいんです。それよりも一瞬一瞬を丁寧に、ひたむきに、感謝の気持ちで生きているお母さんの姿がどんなに美しいことか！

「大丈夫です。お母さんはいつも素敵です」

とだけ告げると、

「そーお、あんなこと言って……」

と、はにかむように小さく笑うのでした。

おかしくなっちゃったのね

認知症？　どうしたらいいの？
〈介護サービスを受けるまでのながれ〉

認知症かな？　と思ったら、まず地域の包括支援センターを訪ねてみるとよいと思います。このときは本人ではなくご家族の方が行けばよいのです。

皆さんとても親切なので、とにかく行ってみると「ああ、ひとりじゃないんだ」と、安心できると思います。私の場合も、介護の右も左もわからないとき、「世の中にはこんなに親切な人がいるのだ」と、救われた思いがしたことを覚えています。

それと並行してお医者さんに診ていただくことが必要です。

ただ、本人はプライドや認知症であることを知られたくない、という思いがあってなかなか行きたがりません。我が家の場合も健康診断の日だから、とか、地域の検診の日だから今日行かないと有料になってももったいないから、と本人が傷つかないような言い方で連れて行きました。認知症の専門医がわからない場合、とりあえずかかりつけのお医者さんに相談すれば、対応してくれる医療機関を教えてくれるはずです。お医者さんには意見書を書いていただきます。

介護保険のサービスを受けるには、市区町村の窓口に要介護認定の申請をします。

その後、訪問調査と医師の意見書をもとに審査会で介護度が決まり、出された介護度に応じた介護保険のサービスを受けることができるようになるのです。

ケアマネージャーさんとの出会い

末期のガンを治療中の父と、認知症の母。突然の同居がはじまりましたが、本当に手探り状態。介護保険の公的サービスを受けられることを知っても、当時は仕事が忙しく、手続きをするための時間を確保することもままなりませんでした。法律で介護休暇をとることは認められていますが、実際には代わりをしてくれる人がいなかったり、責任感からなかなか仕事を休めなかったり……介護に向き合うどなたもがはじめに頭を悩ませる問題だと思います。

公的介護サービスをスタートさせるまでの期間は、派遣会社から、いわゆるお手伝いさんに来ていただき、見守りや食事、入浴などの世話をお願いするなどしか方策がありませんでした。もちろん自己負担でしたので費用もだいぶかさんでしまっていました。

ケアマネージャーさんはたびたびいらして、母の状態に変わりはないか、家族になにか困っていることはないかなど、親身になって細やかに気を配ってくださいました。そのように信頼できる方だったので、こちらも腹を割っていろいろと相談することができたのだと思います。

「フミエさん、おかげんいかがですか？　今日のブラウスとてもお似合いですね！」などと、必ず母をほめてくださるので、母もニコニコと笑顔になります。母の人格を尊重してくださることがなによりうれしく、長きにわたり良い関係を築くことができたのだと思います。

訪問調査が来る前に

介護保険のサービスを利用するときには、介護認定調査員の訪問調査を受けなくてはなりません。およそ50分ぐらいの聞き取りですが、たった1回の訪問で事情を伝えるのは容易なことではありません。

お年寄り……特に認知症の方は、調査員＝お客さんだと思ってしまい、実際にはできないことでも「できる」と答えてしまいがちです。また、徘徊《はいかい》や排泄《はいせつ》のことなど、プライドに関わる質問は本人はもちろん、家族でも本人を前にして答えづらいものです。母の場合も、同居する前に父が訪問調査を受けたところ「失礼な質問ばかり！」とかんかんに怒ってしまったことがあったようです。

我が家では、廊下など本人に聞こえない場所で調査員の方に実際の状況、困っていること、こういう質問をすると怒るかも……などを手際よく伝えるようにしていました。そのためにも、介護をするうえで困っていることや、おおむね1か月以内にあった問題行動などをメモしておくと、当日の伝え忘れを防ぐことができます。認知症の方は「調査に来る」などと言うと、「家族が自分を棄てようとしている」とか「ダメな人間かどうかを調べに来るのだ」と、恐怖をおぼえたり、悲しんだりしてしまいがちなのです。「調査は楽チンに暮らすためのサービスを選ぶ日なのよ」と、誤解を生まないよう細心の配慮をしてあげたいものです。

えっ？
実は…
なんでも
ひとりで
できますのよ

仲良しヘルパーさん

要支援・要介護認定の結果に応じて、介護保険の給付額や使えるサービスが決まります。介護サービスの相談、ケアプランの作成、自宅にヘルパーさんが来てくださる訪問介護、家事を援助してくれるサービス、施設でのデイサービスや、ショートステイ、介護用具の購入補助や貸与、住宅改修費用の補助などです。母は次のような介護サービスを、受けられることになりました。

●毎日2時間のヘルパーさんによる訪問介護（昼食時と午後4時）※デイサービスの日はなし

●週に2回のデイサービス（日帰り通所介護）

これらのサービスは、在宅で介護をすることになった私たち家族にとっての負担が減って楽になることももちろんでしたが、なにより母の生活にメリハリが生まれたこと、社会や家族以外の人との交流の場ができたことが大きな収穫でした。私たち夫婦との同居によって、母は住み慣れた埼玉から離れることになり、親しいご近所の方やお友達との交流も絶たれてしまった状態です。

そこに、毎日「こんにちは、フミエさん。ご機嫌いかがですか？」と、母をめざして訪ねてくださる方が現れるようになったのです！　話題が豊富なヘルパーさん（訪問介護士さん）と母はウマが合い、おしゃべりの花が咲いて楽しそうです。そして、介助の仕方や、認知症の症状・対応など教えられることも多く、母だけではなく私もずいぶん支えていただいたと感じています。

いち
にっ
いち にっ
いちにっ

予兆

茶道や華道の教室を開き、たくさんの生徒を集めて指導していた母が、「もう大変だからやめたいと思うのだけれど、お弟子さんが『先生やめないで』って言うのよ」

笑顔でそう話していたのは母が70歳の頃。雪の日に転んで足の付け根を骨折し、病院を見舞ったときのことでした。骨折以外は元気ハツラツというふうに見受けられましたが、今になって思えば、なにか教室運営に支障をきたすような予兆を、この頃すでに感じていたのかもしれません。

退院後すぐに、母はもう一度転んで手首を骨折し教室を閉じてしまいました。会ってみると、「しばらく下田の旅館に滞在してリハビリしていたのよ。お料理もおいしくてとっても良いところなの」旅館のパンフレットを開き、こう語りかける様子は、朗らかに見えました。しかし、高齢の母にとって二度の骨折や、にぎやかだった教室を閉じてしまったのは、寂しいことだったに違いありません。仕事が忙しいからと、あのとき遠回しに旅行に誘ってくれていることを聞き流してしまった冷たい私……母が朗らかさの裏に隠していた寂しさを慮《おもんぱか》ることのできなかった自分が、今さらながら悔やまれてなりません。

父がポツリ、ポツリと話してくれた内容をつなぎあわせると、そののちの母の認知症への道のりはこんなふうです。

75歳。母は家事もほとんどやらなくなり、ふさぎがちになってしまったそうです。円形脱毛症で髪が抜けはじめたのもこの頃です。「オシャレなウイッグ買ったのよ」と、私たちには、オチャメな笑顔を向けてくれていたけれど、家ではそんな状態だったのか、と愕然とさせられます。

78歳。姉が他界。母はすべての姉妹を亡くしたことがよほどつらかったのか、ふとんから起き上がれないほどに落ち込んで、葬儀に出ることもできなかったといいます。この頃、電話がかかってきては同じ話が繰り返されたりすることがあり、ちょっと変かな、と思うこともありました。でも、神経質な性格なので気になって念押ししているのだろうとやり過ごしていました。

久しぶりに親戚が集まって食事をしたときのこと。「なんだか億劫でね。フフフ」と、いつもはキリリとした和装姿の母はこの日、洋装姿で現れましたが、気のおけない身内ばかりの席なのですから、なんら不自然には感じませんでした。私の方は張り切って母が選んでくれた着物を着ていったのですが、それをまったく覚えていないなど記憶がスッポリ抜け落ちている箇所があることに、とまどう場面もありました。それでも、いわゆる老化現象なのだろうと、気にも留めなかったのです。「もしかしたら」と気づくサインは何度も送られていました。認知症に関する知識がなかったとはいえ、高齢となった夫の両親を、もう少し思いやる気持ちがあったならば、母の認知症も、早期発見ができたはずなのにと心が痛むばかりです。

2

母との暮らし

悲しい朝

「朝は起こすのが大変」

認知症の家族をもつ方は皆、口を揃えてこう言います。私の母も、例外ではありません。

「おはようございます」と、声をかけて部屋に入りカーテンを開けます。眠っているのか、眠ったふりをしているのか、その人はギュッと目を閉じて身を固くしています。

「そろそろ起きましょうか」もう一度声をかけると、「まだ寝ていたいっ！」とキッパリ。「別にやることもないんでしょ」などと言われれば、ごもっとも。返す言葉もありません。

私だって朝は苦手。母ぐらいの年になったら、子どものお弁当をつくるでもなし、仕事や家事からも解放されて心おきなく朝寝坊がしてみたいと思ってしまいます。

でも、本当の理由はそんなことではないのだと気づきました。

朝、ひとり目覚めた母は、見慣れない部屋の様子に驚かされます。

「ここ……どこかしら。起こしに来た人は誰なの？」なにも思い出せない不安に襲われているのです。明け方もしもトイレに行ったとしたら、自分がおむつのようなものをはいていることや、それが汚れていることに大変なショックを受けているはずです。記憶を奪う認知症の症状はあまりにも残酷です。朝はいつもなにも思い出せない自分に驚愕する悲しい時間なのです。

起きたくないの…
ギュッ

気持ちいいからバンザイ

アツアツの蒸しタオルを、寝ている母の顔の近くでポンポンと広げながら冷ましていきます。湯気と一緒にたちのぼる石鹸の香り。ギュッと目をつぶっていた母の表情がゆるゆると解けていくのがわかります。「おはようございます。はい、お顔から拭きますねぇ」と言い、ほどよい温かさになった蒸しタオルで顔、そして首の後ろを、そっと包み込むように拭いていきます。

「ああ〜いい気持ち」

微睡《まどろみ》のなかで笑顔いっぱいになる母。

「悪いわねぇ、あなた何人ぐらいこうして拭いてあげるの？」

……私をヘルパーさんだと思っているようです。

「ウフフ、お母さんだけ特別なんですよ」と答えると、おやっ？　というふうにうっすら母の目が開きます。そのまま温かいタオルで体を拭くと、本当にうっとりした表情で「あ〜あんまり気持ちいいからバンザイしちゃう」なんて、カワイイことを言いながら両手をあげ、脇の下も拭きやすいように自分から動いてくれるのです。

ヤンヤン言って、無理やりふとんから引きはがすように起こすのでは家族にとってもつらいこと。それが、蒸しタオルひとつで、気持ちよく、自然に目を覚ましてくれるようになったのです。

ウフッ
かわいい
あーきもちいいっ
きもちいいから
バンザイ
しちゃう!

枕元の手紙

目覚めたとき、自分がどこにいるかわからなかったら、記憶がすっかりなかったら、どんなに不安なことでしょう。いつも、悲しい朝を迎えている母のことを思うと胸がつぶれそうになります。だから、いつどこで目覚めても事情がのみこめるように、この家で愛され、尊敬されて暮らしているのだということをそっと自分で確かめられるように、枕元には家族の写真と手紙を置いています。

『お母様はここで純一さん（夫）と真亜子と一緒に暮らしています。なにかとご不自由があるかと思いますが、よろしくお願いいたします。指輪や時計、お財布など、お母様の大切なものは金庫にしまってありますので大丈夫です。純一さんはお金持ちなので、家賃や食費のご心配はなさらなくて大丈夫です！』

ちっともお金持ちではないのですが、戦後の物のない時代を知っている母は、人の世話になるのは迷惑をかけること、と思っているのでそう書いておくのです。

朝ごとの手紙……少しでも母の不安をやわらげる助けになっているならばうれしい。〈介護されている側〉の母の、精神的な苦痛に比べれば、〈介護する側〉の苦労など比較にならないほど軽いということを認識し、向き合っていかなくてはならないと思うのです。

置き手紙

母の座るソファーの前にあるテーブルの上には日記帖のほかに、いつもなにかしらの手紙が置いてあります。仕事で外出するときは、

『真亜子は仕事で出かけています。すみませんがお留守番をお願いいたします。玄関の鍵はかかっているので安心なさってください。ごはんは炊かなくて大丈夫です。4時頃に戻ります。なにかおいしいものを買って帰りますので楽しみに待っていてくださいね』という感じ。

自分のことをいつも〈私〉ではなく〈真亜子〉と書くのは私の名前を忘れないでほしい、という思いがあるからです。

すると、「ハイ、行ってらっしゃい。夕方は車が混むから気をつけてね」と、母は必ず気遣いのひと言を添えて送り出してくれるのです。

同じ家のなかにいても、奥の部屋で仕事をしているときなどは、母が不安にならないように、『奥の部屋にいるのでなにかあったら声をかけてくださいね』というふうに。

施設に入ってしまった今でも、ソファーのその場所を見ると、置き手紙を読んでいる母の姿が思い浮かびます。

待っていれば
いいのね

丁寧に暮らす

母と暮らすようになって季節の行事を大切にするようになりました。

部屋で過ごすことの多い母の生活に、少しでも変化を演出したい、との思いからでしたが、実際には自分の方が楽しんでいるのかもしれません。忙しく仕事をしていた頃は、ほとんどなにもできずにやり過ごしていましたが、お節句や七夕、お月見など、四季折々に風情あるしつらえを整えるのは、丁寧な暮らしに憧れていた私にとっては至福の時間。

それまで使い方のよくわからなかった床の間には、掛け軸や母の生けてくれたお花が美しく飾られるようになりました。認知症であっても母のお茶やお花の腕前は私から見れば本当に見事なものでした。

例えばお彼岸。それまで自分でつくることなど考えてもみなかったおはぎを、小豆を煮るところから一緒に取り組んだりするのは楽しいものでした。時々鍋を火からおろし「お母さんもういいですか?」と尋ねれば、ちょっとつまんで「これじゃだめよ。もっと煮詰めなきゃ」などと母親らしく微笑む様子がうれしく思えます。私が頼って教えを乞うと、シャンと背筋が伸びるのです。教えてもらうといっても母の負担にならないように、ちゃんとレシピ本をそばに置いて、教えてもらうふりをするだけです。ただ母と楽しく過ごすことができればよいのです。

昔はね
作ったおはぎを
ご近所に配るのは
子供の仕事だったのよ
おこづかいくれるから
うれしくて行くの
わあ!
おいしそうに
できましたね

できないことよりできること

〈認知症〉というと、時間や今いる場所、人がわからなくなるなど、ついできなくなったことをあげつらい、嘆いてしまうのですが、実際にはできることのほうが圧倒的に多いのです。誰かがそばにいれば、ほとんど普通の人と変わらぬ日常が送れるのですから。

母が認知症と診断されてからも、我が家では一緒に旅行に出かけたり、お芝居を観に行ったりと、楽しい思い出をたくさんつくることができました。（いえ、母が認知症だったからこそ家族の時間を大事にするようになったのでした）

日常生活でも、果物の皮むきなど、母は目を見張るほどの腕前。クルクルと薄く上手にむいてくれます。（失礼！　主婦としての大先輩なのですから当たり前ですね）

認知症でも初期の頃なら、昔の記憶が驚くほど残っているので、冠婚葬祭のしきたりや、お節句のお料理など、尋ねればスラスラと教えてくれます。もちろん、症状が進んだ今では、思い出せないことで悲観させることのないよう気遣いながら、ただ一緒に並んでお料理をつくったり、洗濯物をたたんだり……。すると、ふいに夫が子どもの頃の思い出話をしてくれたりして、興味深く楽しい時間が過ごせます。認知症だからなにもできない、任せられない、と決めつけずにできることを見つけてやっていただく方が、脳のためにも、家族のためにもよいのだと思います。

クル
クル
スイ
スイ

母の手仕事

いつも、なにか手伝いたいという気持ちでいっぱいの母。

なるべくボンヤリと過ごすことがないように、手仕事をさせた方がよいのだとヘルパーさんに教えていただいてから、雑巾《ぞうきん》縫いや洗濯物たたみなど簡単な手仕事をやっていただくようにしています。洗濯物がないときは、タオルやTシャツなどを洗濯物ということにしてしまえばよいのです。

「お母さんスミマセン、たたんでいただけますか?」

とお願いすると、「ハイッ」と返事をし、精一杯両腕を伸ばして洗濯物を受け取ろうとします。夫や父は母のことを「外面《ソトヅラ》はいいけど、家族に対してはわがままな人」と言っていましたが、そんなことはないようです。嫁に対しては永遠に外面の方でいてくれるのかしら……本当のところ、それはありがたいことだけれど……。

母の手仕事はいつも本当に丁寧。Tシャツも、パジャマも、アイロンをあてたのではないか、と思うほどピシッと伸ばしたうえで、キチンとたたまれています。その影響で、私も無意識に日常生活のなかのたたむ行為が丁寧に、変化しはじめました。環境が人をつくる……この母に育てられていたら私ももう少ししとやかな女性になっていたかもしれません。

ハイッ 持ってきて!
たたんでおけばいいんですね
いつもていねいに洗濯物をたたんでくださってありがとうございます
キチーン!
キチーン!!

母と娘

母は父より4つ年上の姉さん女房。父や夫に対してはちょっとヒヤヒヤするくらい横柄で、「アレ取って。次はコレ」と、親分のようにふるまうのに私に対してはとても優しくしてくれます。元気なうちからの同居ではなかったので嫁姑の戦いがなかったこともラッキーでした。

料理の味付けで失敗したときなど、夫にコテンパンにやられていると、「私もお料理はてんでダメ。普段はうまくいくのに、お客様に出そうとするとナゼか失敗しちゃうのよ。くやしいわよね」などと助け舟を出してくれます。女姉妹のいない私にとって、母はお姉さんのように思え、事あるごとにタッグを組んでくれる頼りになる存在になっています。

掃除をしているときも、夫に「あの人、ずーっと働きづめよ。ちょっと休むように言ってよ」などと言ってくれます。口先だけのことではなく、主婦の仕事のエンドレスな大変さを知っている母だからこその優しい言葉。認知症であるなしにかかわらず、心から湧き出るものだと感じられ、とても癒されます。

自分たちのことを介護する人、される人、と勘違いして認識してしまうと主従関係になってしまいそうですが、その前に娘と母なのだという家族関係を見失わずに暮らせれば、互いに幸せな関係が保たれるように思うのです。

あたたまりますねー
いい香りねー
プカプカ
プカプカ
プカプカ

台所が気になる

「あ、いたんですね」

　顔をあげると、母が台所の入口に立ってそおっとこちらをうかがっています。

　母はいつも台所のことが気になっているのです。ところが台所にはたいてい私という先客がいるものですから、母はそのことにいつも少し驚いて、「お米……研《と》ごうと思ったけど……いいんですね」と、一歩退いたような言葉を発するのです。

　なんだか母のいるべき場所を奪ってしまったようで申し訳ない気持ちになります。そこで、「じゃあ、お母さん、おネギ切っていただけますか」

　などと小さなことをお願いしてみると、「え、ほんとにやるの？」みたいな顔をされてしまったりします。サッと手を洗って手伝ってはくれるのですが、すぐに「もういいですか、腰が痛くて」と、根気は続きません。

「ありがとうございました！　助かりました」と、お礼を言って送り出すと無表情にスタスタとお部屋に帰りベッドにコロンと横になってしまいます。

　それでもまたしばらくすると、台所の調理台のはじっこでかわいらしく肘をつき、ほっぺを抱えてこちらをそおっとうかがっているのです。

あ
いたんですね
ON
OFF

おしゃれ

「女は色気がなくなったらおしまいね」

そう言いながらパタパタと手早く薄化粧をする母。もともと色白でシミやシワもほとんどありません。80歳を過ぎてもメークをすると女性は美しくなるのだということを知らされます。

「今日はコレ着ましょう！」と、コーディネートしておいた新しいブラウスとスカートを見せると、パッと表情が明るくなります。母の感情表現はいつもストレート。着せながらこちらまでうれしくなります。仕上げはお帽子かウイッグ。髪がなくても堂々としていればいい、と思うこともありましたが、もともとはおしゃれで人の目を気にする人。認知症じゃなかったら、やはりかぶせてほしいと望むだろう、と考えそうしています。

私は〈キレイの手伝い〉も介護のうちだと思っています。ふと鏡を見たとき、自分のプライドが満足できるように。周りの人が母を見て「キレイにしてる人だな、人としてキチンと対応しなくては」と感じてくれるように。ある種のプロテクトの意味合いを込めて、身だしなみや日常生活をキチンとする手助けを心掛けています。

感謝と気遣い

〈認知症になると『ありがとう』という言葉が出なくなる〉という人がいます。〈あれがしたい、これが食べたいなどという本能的な欲求とは違い、感謝の言葉は後から学習して覚えるものだから、失われてしまうのだ〉と、いうのです。でもそれは間違っていると思います。母は日常のさまざまな介助のひとつひとつに、丁寧に感謝の言葉をかけてくれます。

車椅子で一緒に出かけると、「代わりましょうか？　押すばっかりじゃ大変でしょう」と、声がかかります。たぶん自分がほとんど歩けないということを忘れているのでしょう。大丈夫だと伝えると、

「悪いわね。じゃ、お荷物だけでも、ほら、膝のところ、空いているから載せましょう」と、気遣いを見せてくれます。

老いは避けられません。

私もいつの日か必ず、介護が必要なおばあちゃんになります。そのとき、母のようにふるまうことができるでしょうか。私は祈るばかりです。感謝と気遣い……すべてを失っても、そのふたつだけは最後まで、神様どうか奪わないでください、と。

大丈夫ですよー
わるいわね かわりましょうか

おこづかい

　母がかわいい笑顔で手招きしています。

　招かれるまま、部屋に入ると、小さなお財布から千円札を3枚取り出し、「とっておいてちょうだい。コレっぽっちでおかしなものでしょうけど、なにか好きなものでも買ってちょうだい」と言うのです。

「いいえ、そんないただけません」と断ると、「出したもの引っ込めるのもかっこがつかないものよ。いつもお世話になって、これじゃあ、なんの足しにもならないけど……」と母は引きません。

　この年齢になっておこづかいをいただくなんてくすぐったく、新鮮な気持ち。遠い昔、祖母からおこづかいを受け取ったときの、もらっていいものかどうか困った気持ちと、素直にうれしい気持ちが入り混じったあの感覚がよみがえります。

　人に世話になって肩身が狭い、居づらいと思い込んでいる母が、これで少しでも気分が軽くなるのであればその方がずっとよいのかもしれない、と思ってとりあえず受け取ることにしました。

　その日の日記にはうれしかった気持ちとお礼の言葉をたくさんちりばめて、この出来事を綴りました。このページを読んだ後の母の笑顔は、満足気で、どこか母親らしいゆとりの感じられるものに思え、私もうれしい気持ちになるのでした。

これ
とっておいて
そ、そんなぁ…

母からのプレゼント

「真亜子さん、ちょっと、ちょっと」

　かわいい笑顔で母が手招きをしています。

　行ってみると部屋じゅうに新品のパンツが広げられています。

「お父さんったら、こんなにたくさんパンツばっかり買い置きしてくれていたのよ。パンツぐらいいつもきれいなものをはいて、古くなったら捨てちゃいなさいっていうことなんでしょう。こんなものあげるの……おかしいけど、まだ使っていないものだから、よかったらお使いになって」

と、ピンクのパンツを2枚手渡されました。

　夜寝るまでの間、コトコトと片付けものをしているうちに、ふと私のことが頭によぎり「そうだ、あの人にあげよう」と、思い立ってくれた気持ちがうれしく胸がキュンとなりました。

　女同士、パンツの山をはさんで話をするシチュエーションは、母と娘にしかありえない光景。体の大きな私には母のパンツははけそうもないけれど、実の娘のように思ってもらえているのだと、はじめて実感できたこのプレゼントはなによりも思い出深いものでした。

　夫の家の家族構成は両親と男の子どもが2人。母は男性ばかりの環境で暮らしてきたことになります。夫が言うように母は本当に娘の存在を楽しんでくれたのかもしれない、とも思います。

コレ
よかったら…

手すり

同居がはじまった頃、母はそれまでの習慣通りふとんで寝起きしていました。

ある朝母を起こしに行くと、「腰が痛くて起きられないの。なんだかムカムカしてきたわ」と、ふとんの上で苦しそう。びっくりしてかかりつけ医に連絡。ケアマネージャーさんにも電話をしてどうにか車椅子を貸してもらい病院へ。診察の結果は腰椎圧迫《ようつい》骨折でした。

この骨折、高齢の女性にはよくあるのだそうです。閉経後の女性はホルモンの関係で骨密度が低くなり骨粗鬆症《こつそしょうしょう》になりがち。そこへもってきて尻餅をついたり、不用意にポーンと腰かけたりするだけで、腰椎がグシャッとひしゃげてしまうのだそうです。

こわいこわい。私も年齢的にもう他人事《ひとごと》ではありません。今年になってもう二度も転んでしまっているのです。高齢を自覚しはじめたら、「まだ大丈夫」などと言わずにベッドの使用、手すりの活用を心掛けたほうがよいと実感しています。

このとき、介護保険（上限20万円）を使えば、手すりや段差を解消する住宅改修ができることを知りました。

母の身長に合わせた位置にグルリとめぐらされた手すり。そして新しい母のベッド。もっと早く私がこのことを知っていれば、母に痛い思いをさせなくて済んだのに……と悔やまれます。

ちょうど
いいわね

デイサービス

はじめ母はデイサービスに行きたがりませんでした。

人によっては「なんで行かなきゃいけないの？　私のことがジャマなのね」と、泣かれることもあると聞きます。プライドの高い母はそうは言わず、「あんな老人ばかりいるところに行ってなにが楽しいもんですか」と、ふくれていました。実際まだそこに仲間入りはしたくない、という気持ちもあったのだと思いますが、知らない人ばかりの場所に行くことに不安や緊張があったのかもしれません。

いよいよ今日からデイサービスという日。母は「眠い。具合悪いから行かない」と、ふとんから出ようとしません。困っているとスタッフの方が「皆さんフミエさんが来てくださること楽しみにしているんですよ！　さあ、行きましょう」と、上手に促してくださったのです。

するとどうでしょう。「あら、大変。ごめんなさい、すぐ支度しますね」と母。

外面のいいことで定評のある母ならではの急展開で、無事出かけることができたのでした。行ってみると同世代の話の合う方がいたり、いつもは世話をされるばかりなのが、自分が皆さんのお茶を淹《い》れてあげるなどの役割に張り切ったりと、思いのほか楽しく過ごしている様子。デイサービスの日はお出かけ用の服を着たりお化粧をしたり、おしゃれを楽しむ日にもなっています。

いってらっしゃ…
オホホホ…

ショートステイ

仕事で家を留守にするときは、ショートステイ（短期入所療養介護）を利用します。やむをえない理由とはいえ、母を預けるときはいつも気が重くなります。決して棄ておかれたのだ、などと勘違いしないように、『ごめんなさい。今日から仕事で留守にしてしまいます。○月○日に純一さんとお迎えに参りますから、それまでここで待っていてくださいね』と書いた手紙と家族の写真を渡し、口頭でも説明をします。

すると母は、「じゃあ、ここで待っていればいいんですね」と、妙に素直に納得して泊まってくれるのです。ところが一度「ハイ、わかりました。まぁ、ここへ行けば知った顔もあるでしょうし、皆同じような境遇の人ばかりだから、将来のことでも話し合うとしましょう」と、言われたことがありました。

母は万事理解していたのです。自分が今、ひとりでは生活ができないこと。息子夫婦の世話になっていることも。そしてやや誤解もしているのです。やっかいに思われているのだろう、などと。母がなにを思い、どう感じているのかを探るのは難しい……人生の先達として尊敬し、その人柄を愛し、どんなに優しく接していても、母はそのことを覚えていてはくれないのです。

多くの方が認知症の介護に空しさを感じてしまう理由もここにあるのだと思います。

あとは大丈夫ですよ！
ここで待っていればいいんですね…

刺繍かざり

母は神経質でキチンとした性格。夫もそのDNAを受け継いでいます。

私は、小さなことは気にしないガサツな性格。結婚して数十年、まるで姑のように夫にグチグチ鍛えられ、今ではステンレスの蛇口はピカピカに拭かないと気が済まないほど、キチンとした嫁になりつつあります。もし母が認知症になる前に同居がはじまり、私が以前のようにガサツなままだったら、嫁姑戦争は相当激しいものになっていたことと思います。

「これ……私のだったかしら」濡れた顔から水をしたたらせながら、母は確証がもてない限りそこにあるタオルを使おうとしません。

そこで、母が安心するようにと、母の持ち物のすべてに記名をほどこすことにしました。コップなどにはマジックで、衣類には刺繍で。市販の小さな花の刺繍かざりも、スリッパや下着に縫いつけると想像以上にかわいくなるので併せて縫いつけます。

幼稚園の頃、私の持ち物に実母が縫いつけてくれた花の刺繍かざり。誰のものよりかわいく思えてうれしかったことが思い出されます。

そして今、子どものいない私は、こうして母のものに実母がしてくれたことを繰り返す機会を神様から与えてもらいました。なんと幸せなことでしょう。

名前が
刺繍してあるから
私のだわ！
フミエ

3

さまざまな症状との向き合い方

お父さんはどこ？

「お父さん、どこ行っちゃたのかしら」

他界してずいぶん経つのに、母のなかで父はずっと生き続けているようです。母との同居は父が肝臓ガンで倒れたことがきっかけ。退院後3年間共に暮らし、りりしく、精いっぱい生きる姿を見せたのち、帰らぬ人となったのでした。

「亡くなったんですよ」と、知らされるたびに母が感じる衝撃と悲しみを考えると胸がつまります。家族にとっても父の死を繰り返し伝えなくてはならないことは気の重い役目です。

そんなとき、ケアマネージャーさんに教えてもらったのが、パスケースのなかに遺影を入れ、亡くなった日付や理由、法名などを書き込み、ヒモをつけて首から下げておくという方法でした。

さすがに首から下げさせるのはためらわれるので、いつも手元にそのパスケースを置いておくようにしたところ、おや？　というふうに手に取り、繰り返し読んだ末、「やっぱりね……そうじゃないかと思ったのよ」と、納得してくれるようになりました。

この前も、夜中に突然、「このタオル、お父さんのところに持っていってあげるの」と言い出しました。ふたりとも元気なときは、しょっちゅう口ゲンカをしていたようですが……夫婦の絆は強いものです。

あ…やっぱりね
そうじゃないかと
思ったのよ…

なくし物

「昨日私、時計忘れてきたらしいの。ないのよ」と、血相を変えて母が駆け込んできました。興奮して首が小きざみにゆれています。

私もうっかりして大事な物を置き忘れることが多いので、なくし物に気づいたときのどうしよう！　という気持ちは痛いほどわかります。でも、母は夫に似てキチンとした性格。滅多なことで忘れ物などしないはず。それに昨日はどこへも出かけていないのです。

なにかがない、どこかに置き忘れた、誰かに盗られた、と思ってしまうのは認知症特有の症状です。〈物盗られ妄想〉などという言葉もあり、これにはヘルパーさんや嫁が疑われ不快な思いをするという話もよく聞きます。夜中に何度も「◯◯がない！」と大騒ぎをするので、家族もいちいち探さねばならずノイローゼになりそうだという例も。

繰り返し探す作業にはへきえきしてしまいがちですが、本人の気持ちを察して根気よく一緒に探すことが大事です。忘れたことや失態を責めたりすると、かえって混乱が増すので逆効果。

なくし物にまつわる思い出を聞き出したり、ほどほどのところで「ちょっと休憩してお茶でもいただきましょう」と、気分を変えてあげるとコロッとなくし物のことを忘れてくれる場合もあります。

ない!
ない…
ない!
ない!
ない!!
ない!

モノより思い出

認知症の人のなくし物は決まっています。

本人の大切にしている物（母の場合はお茶やお花の道具）、お財布、指輪や時計などの貴重品、そして私たちでも置き忘れてしまいがちな傘や手袋などです。

我が家ではこれらを同じ場所に集めて収納、なかでも貴重品はひとつの金庫にまとめてしまうことで、ずいぶん（探す時間が短縮され）楽になりました。

母はこの金庫の前にちょこんと座り、カチャンカチャンという鍵の音を響かせながら、出してはしまい、出してはしまいを繰り返すようになりました。「年をとると物に対する執着が強くなるのかなあ」夫と私は顔を見合わせてクスリと笑いました。

ある日のこと。

「キレイですね」と声をかけると、「ウフフ、これは上野の姉さんにもらったの。姉さんにはかわいがってもらってね……」と、思い出話があふれ出しました。私は胸を打たれました。母は物に執着していたわけではなかったのです。ひとつひとつの思い出に向き合っていたのです。

指輪や時計はただ高価で美しいから大切なのではなく、贈ってくれた人や、買った当時の甘美でかけがえのない思い出が付随しているから大切なのだと気づかされた出来事でした。

これはね
上野の姉さんに
もらったのよ

「帰ります」

「そろそろ帰りますね。いつまでもズルズル居すわっちゃったら嫌われちゃうわ」

同居をはじめて何年も経っているのですが、いつの間にか荷物をまとめ、お出かけ用の服を着込んで満面の笑みを浮かべる母。「家に帰る」と言い出すのは認知症の症状のひとつ。見慣れない場所にいると不安になり、安心できる場所に戻ろうとする帰巣本能の表れなのだという説もあるそうです。

「お母さん、そんな寂しいこと言わないでここにいてください。その方が楽しいし、いろいろ教えていただいて助かっているんですよ」と、決して迷惑ではないことをわかってもらおうと、懇願する気持ちで説得するのですが、「そうもいかないのよ」と、なかなか納得してくれません。

認知症だからとわかってはいても、毎日毎日同じ押し問答を聞かされて、夫もうんざり、という様子。

そんなときはとりあえずおなかを満たすこと！

「あ、もうこんな時間！　ごはんの支度をしましょう。そうだ、お父さんの好きな栗ごはんにしましょう」すると、「そうね、お父さんの喜ぶ顔が見たいわね」パッと母の顔が輝きます。本当はもう亡くなっている父に今日も助けてもらうことになりました。

もう 帰りますね
キチーン
miumiu

母のお出かけ

「徘徊」と、「母のお出かけ」は、ちょっと違うように感じます。「徘徊」は目的もなく、どこともなく歩き回るという意味。でも母の場合、出かけるときはちゃんと目的があるのです。

例えば、忘れ物を取りに行くとか。ただ、それらの理由は思い込みである、ということと、途中で目的がわからなくなってしまう、というところが認知症特有。もう〈衝動〉がとめられないのでしょうね。いつもいろんな〈衝動〉を我慢して『まともな人』を演じている私から見ればなんだかうらやましくもあります。偶然、商店街でお出かけ中の母に会えたことがありました。

「あら、お母さんどうしましたか？」と声をかけると、「あら、真亜子さん！　あなたも旅行に来てたの？　私ね、ちょっと散歩に出たら帰り方がわからなくなっちゃって……」と、とってもうれしそう。きっと不安だったのでしょう。ここは旅先ではないのよ、などと問い詰めても意味がないので、なるべく関係のない話をして歩くことにしました。

「ふらふらするから手をつないでくださる？」と、母。

私のことを頼ってくれることがうれしく思えます。なぜだか自分が子どもの頃、母が優しく手をつないでくれたことなども思い出されました。親の介護は、自分が親から受けた愛情に感謝する機会もつくってくれます。

今日
お散歩中の
お母様と
ばったり
お会いしました!
なんだか
うれしかった
です♡
あら!
ポカ
ポカ
ポカ
ポカ

眠れない夜

バタン！

大きな音をさせて扉を開け、パタパタッと足早にスリッパの音を響かせてどこかに向かっては立ち止まる母。かわいそうに……眠りから覚め、自分の居場所が思い出せないことに極度の不安を感じているのでしょうか。すでに亡くなっている父が帰ってきた、などと、朦朧《もうろう》として錯覚を起こしているときもあります（せん妄といわれる症状です）。「お母さん、どうしましたか？　今日はもう遅いのでお休みしましょう」と、なるべくのんびりと、そっと声をかけます。「あら……今何時？　そんな夜中なの？　ごめんなさいね。なんだかわからなくなっちゃって」

自分がおかしな行動をとってしまったと恥ずかしく思っているのでしょうか。小さくなってふとんにもぐりこむ姿がいじらしく思えます。現実と妄想の間を行きつ戻りつ……その都度心臓が張り裂けるような思いをしなくてはならない日々。母のつらさを思うと胸が痛くなります。

夏の夜、母のベッドが空っぽに。ドキリとしてあわてて探すと、母はベランダのテーブルに突っ伏して眠っていました。月明かりに包まれた母は、宇宙にポワンと浮かんでいるよう。明るさのなかではいろいろなものが目に入ります。思い出せないひとつひとつと自分との関係に、頭を悩ませなくてはならない昼間より、暗い夜の時間のほうがずっと幸せなのかもしれません。

お風呂上がりはお姫様

母は本来キレイ好きなのですが、なかなかお風呂に入りたがりません。認知症の方は皆、入浴させるのがひと苦労だといいます。

我が家では、「お湯が冷めちゃうともったいないから入っちゃいましょうよ」という声掛けが効果的でした！

昔の人なので、もったいないことをしてはならぬという思いが体に染み込んでいるのだと思います。お風呂に入れるときは湯冷めしないように浴室や脱衣所を暖め、着替えなど準備万端整えておくことがポイントです。

それはもったいなくないでしょう、とあきれますが、古いリハビリパンツもとっておこうとするので素早く捨てるビニール袋の用意もしておくことにしています。体を洗うのは手伝い、湯ぶねにはゆっくりと浸かっていただきます。我が家は女同士なので一緒に入ったりするのも楽しいものです。入浴後は、脱衣所の椅子に座ってもらい、タオルで包み込むように体を拭き、クリームやシッカロールをつけ、優雅なお姫様気分を味わわせてあげます。お風呂上がりの冷たいお水やお菓子も楽しみな様子。このように、本人の楽しみをパターン化したことが功を奏して、わりとすんなり入浴してくれるようになりました。

はあ
いいきもち
ポカ
ポカ
シッカロール
ポカ
ポカ

パンツの総取り替え

「年をとると漏れちゃう人もいるみたいだけど、私は違うから必要ないのよ」

本人は尿もれなどしているはずがないと思っているのです。トイレに尿もれパッドを入れた、かわいい籠《かご》を置き「お使いくださいね」などと手紙を添えても使ってはくれません。

私は困り果て、〈尿もれ防止パンツ〉に名前を刺繍し、母の持っているパンツと総取り替えをしてみました。世の中にパンツと呼ばれるものはこのタイプだけ、というような状態をつくりあげたのです。

「あら、私のパンツ、こんなにゴツかったかしら。ああ、でも名前が付いているから私のだわね」

不思議そうに首をかしげながらも、母はその日からそれをはくようになってくれました。

そしてその後、腰椎圧迫骨折で寝たきりの時期を経て「まだ本調子じゃないから、コレはいておきましょう」と、今度は〈リハビリパンツ〉に総取り替えすることができました。

本当はそれが紙おむつだということに母は気づいているのだと思います。でも、プライドを守るためにも私も決して〝おむつ〟という言葉は使わないし、母も気づいていないふりをしているのだと思います。

あれぇ…
こんなだったかしら？
？
？

トイレの進化が待ち遠しい

「認知症の介護は排泄との闘いだ」という人がいます。

言いにくいことだけど、これは本当。

初期においては、トイレの場所がわからなかったり、尿意が薄くなるなどして失禁してしまうにもかかわらず、「私は大丈夫」と、パットやリハビリパンツ（パンツ型紙おむつ）をつけるのを拒み、説得するのが大変でした。そういう状態だということを忘れてしまうのか、プライドが許さないのか、いずれにしろ認めたくない気持ちはわかるような気がします。

リハビリパンツをつけるようになっても、横もれしてしまったり、トイレでうまく用が足せず、便器の周りがビショビショになることも少なくありません。

こればかりは生理現象で時間を選んでくれません。忙しい出勤前の朝、家を出る時間にトイレがビショビショ……なんてことになると、「ヒャー、どうしよう」とパニック寸前。

でも、意図してそうなるわけではありません。本人が一番ショックを受けているはず……。

これには、1日も早いトイレの進化を待つしかありません。おしりも、床も、便器も、サッと温水できれいに洗えるシャワーが付いたユニットトイレがあればラクチン。誰も悲しまずに済むのですから。

ちょっとまにあわないときもあるのよ…
大丈夫ですよ！
シャワー

夏の体温調節

母はもともと暑がりでした。

「手足がポッポするのよ」と、気がつくとスリッパを脱いで大理石の床で足裏を冷やしています。ところがある夏の日、どこから引っ張り出してきたのかフリースの上衣を着込んですましているではありませんか。

ドキリとしました。外気を感じる機能が鈍り、体温コントロールが難しくなっているのです。「夏は本当に暑いですねぇ」などと言い、まず季節を認識してもらうように努めました。そして、暑がりなのに風が当たると敏感に反応し「寒い寒い」と言う母のため、長袖でも熱を逃がすような清涼素材の服を買い揃えました。

カラリ……耳が遠いのに製氷機の扉を開ける音は聞き逃さない母。「今、氷の音しました?」と、笑顔で氷を所望します。うれしそうに口に入れ、幸せそうな表情。母は冷房が嫌いですが、直接体を冷やす氷などは大好き。氷を入れたビニール袋を、タオルを敷いた頭の上にポンと載せると、「あぁ、気持ちいい」と瞳を閉じて冷たさを満喫します。

人間の体は不思議。矛盾だらけですが、認知症でより衝動に忠実に反応を示す母の感じ方に嘘はないと思います。これが母の「夏」なのです。

チリ〜ン
えっ！
今日は寒いわね

同じ話

車に乗ると、母はにぎやかです。窓の外を眺め、目に映る標識や看板の文字などを、次々声に出して読みあげていくのです。

ケアマネージャーさんに尋ねると、これは認知症の人に共通することのようです。声に出して読むことは自分のなかで、読めるかな、文字は忘れていないかな、と確認したい気持ちの表れでもあり、他者に対しても、自分はまだボケていない、ほら、文字だってこんなに読める、というアピールでもあるのだそうです。

そうすることでようやく自分と社会をつなぎとめているのか、と思うとせつなくなります。

思い出のある場所、決まった地名を目にすると母は同じ話をします。「上野だって。昔、姉さんとここに住んでいたことがあったのよ」「歌舞伎座、すごい建物ねえ、いつの時代からあるのかしら」

人は何度も何度も同じ話を繰り返されると、うんざりしてしまう生きもののようです。認知症だから仕方ないとわかっているのに、度量が狭くて情けないですね。

でも、ごくたまに言わないときもあるのです。そうなるとこれがまた妙に拍子抜けした感じで物足りない……。

人間とはおかしなものです。

がっけん、きょうみ、お店ばいいん、どりうおまつ…
だいうえあ
あらっ あさくさだって
よしかわ、はなき
せきぐち、こめ屋
いいわね！あそこに住んでいたことがあるのよ！
しまう
パン
日光街道
花
よし

つまみぐい

暑さのせいか夏になってだいぶ食欲が落ちた母。いろいろ工夫して対応します。

母は冷房を嫌うので、食事のタイミングに合わせてそっとクーラーをつけます。また食事は、ドカンとまとめて出さないこと。実際には認知症の症状から味覚が衰えている場合もあるので、本人の話によく出てくる食べ物、記憶のなかにある馴染《なじ》み深いメニュー、好きな物を、うまく取り合わせて食卓に並べるようにしています。母の場合、好きな物の筆頭に焼き鳥があげられます。味ももちろんですが、食べやすいですし、串に刺してあるところがトクベツで、ちょっと楽しい気持ちになるのではないかと思います。

そこで、肉団子や唐あげなども楊枝《ようじ》に刺して、「ハイ、つまみぐい！」と手渡してみることにしました。思った通り、「あら、おいしそうなもの！」と、テンションが上がり積極的に食べてくれることがわかりました。ホットケーキもタコ焼き器で小さな球形に焼くと、「かわいいわね」と、パクパク。

食事のとき、気力が続かず手つかずだったものも、楊枝に刺して手渡すと、「食べちゃっていいの？」とうれしそうに言い、結果的にはほぼ完食してくれます。〈串刺しつまみぐい作戦〉で、ほぼ夏前と同じぐらいの食事量に戻り、ひと安心でした。

つまみぐいって
おいしいわね

妄想とのつきあい方

ひとりで留守番していたときや、眠りから覚めたときなどに妄想は出やすいように思います。母は10年前の日記であっても、読むと現在のことだと思い込んでしまうのです。「お茶の釜を、公民館のお教室に忘れてきてしまったの。ひとりじゃ行けないから、車で連れて行ってくださる?」

その朝、母はこう繰り返し訴えてきました。お茶を教えていたのはもうだいぶ前のことだと何度説明しても信じてもらえません。適当にごまかしてデイサービスの迎えのバスに乗せてしまったことがあります。すると母は喜び、「よかった、じゃ公民館までお願いしますね」と笑顔になったのもつかの間、「アラ、あなたは行かないの? えっ、どうなっているのかしら」と混乱の表情に。そのままバスは出発していきました。

母の信頼を損ねるようなひどいことをしてしまったと、後悔の念が残りました。されたことがなんであるかは覚えていなくても、嫌なことをされたというイメージだけは残る、という話が思い出されます。認知症なのだから、本人の言うことを否定すると不安や苛立ちを助長してしまい逆効果だ、といいますが100%妄想につきあっていては、気力も体力ももちません。

それでも最低限、誠意だけは尽くしましょう! でないとかえってズシリと重い気持ちに悩まされることになってしまいます。

わあ！
それでね
それでね
それ

地域で守る

同居する前、母がひとりで留守番をしていたときに、鍋を焦げつかせ煙が充満してしまったことがありました。異臭に気づいたお隣の方が火を止めてくださったので事なきを得ましたが、事態の深刻さがのみこめずケロリとしている母に、その方は激怒。後日、出ていってほしいという内容の手紙が送られてきたそうです。近所では心ない噂話をする方々もいて、父は肩身の狭い思いをしたようです。

無理もありません。火でも出されたら取り返しのつかないことになってしまいます。このときは、母をひとりにしないことを約束し、平謝りをしてようやく許していただいたのだそうです。でも……いずれはみんな等しく年をとるのです。確かに不安な気持ちにさせて申し訳なかったけれど、みんなで見守り、助け合っていこう、という気持ちになれないものかなあ、と思いました。

２０１６年現在、65歳以上の高齢者の10人に１人、２０２５年には5人に１人が認知症、という時代が来るといわれています。認知症は決して特別な病気ではないのです。そして認知症がどのようなものであるかを理解すれば、決して恐れたり、引け目に感じたりする必要はないとわかるはずです。家族、地域というチームで、認知症の方とともに当たり前に暮らす社会に早くなってほしいものです。

ヒソヒソ…
ありがとう！
ぼくね、たすけてあげたんだよ
ハイ！
大丈夫ね
大丈夫だよ！
チーム
チーム
チーム

4

進んでいく症状

トウモロコシさん（失認、失行）

母はトウモロコシが大好きでした。

「トウモロコシって甘くておいしいわね。トウモロコシに口がきけたら聞いてみたいねぇ、『トウモロコシさん、トウモロコシさん、どうしてあなたはそんなにおいしいの？』って」

かわいらしいことを言いながら、夢中で食べる母の姿は今も目に焼き付いています。

しかし1年後の夏には、トウモロコシが食卓に出ても母は無表情のまま。「大好きなトウモロコシですよ」と手に持たせると、ようやく口に運ぶものの、1粒1粒の皮ばかりが気になるらしく、モゾモゾと噛んですぐにお皿の隅に出してしまうようになりました。失認、失行が進んでいるのかもしれません。失認は知っているはずのものを認知できなくなること。失行はするべき行為はわかっているのにできなくなることです。それが食べるものであることは認知できても、「食べる」という行動が難しく思えてしまい、なかなか手が出ないという状態です。

「やっぱり夕飯が一番楽しみね」

家族みんなが揃い、にぎやかな食卓を楽しんでいた頃が懐かしく思えます。温かく笑顔で向き合い、母の好物を食べやすく少しずつ出して、笑顔が少しでもわき起こるように促したいと思います。

とうもろこしさん
とうもろこしさん
あなたは どうして
そんなに
おいしいの？

追加の貼り紙

「短冊だらけで、いつも七夕みたいだね」

夫が帰宅して玄関のドアを開けると、家じゅうの貼り紙が一斉にひらりとめくれます。

母の行動に応じて、短冊は増えたり減ったりします。最近増えたのは洗面所。この頃母は一度歯を磨いても、それを忘れて何度も洗面所に向かうようになりました。

「あら、さっきもう磨いていらっしゃいましたよ」と声をかけても、「そんなはずはないのよ」と信じてくれません。

そこで、『お母様はもう先ほど、歯磨きを済ましていらっしゃいます。安心してお休みくださいね』という貼り紙を、歯磨き後にその都度貼るようにしたのです。

すると、2回目以降はじっとその文言を読み、歯ブラシが濡れているかどうかを確かめた末、「そうだったかな」と、またパタパタパタ……とスリッパの音を鳴らして部屋へ戻っていくようになりました。やった！

口ではいくら言ったところで受け入れてもらえませんでしたが、文字にすると自分の目で確かめられるせいか、ストンと受け入れてもらえます。

やっぱり、文字の力はスゴイのです！

お母様は
もう洗顔と
歯みがきをすませて
いらっしゃいます・
安心してお休み
くださいね!

介護用品はレンタルで

母の寝室でバタン、と大きな音。

「どうしました？」と駆けつけると、ベッドのわきで母がヘタッと倒れていました。

「音で気づいてくださったのね。よかったわ。転んじゃったの」

幸い怪我はありませんでしたが、ベッドから廊下に出るまでのほんの1メートルほどのエリアに手すりがなく、危険なことに気づかされました。

早速ケアマネージャーさんに相談すると、介護用具のレンタル会社の方を紹介してくださり、その日のうちに、その場所に適した、〈つっかえ棒に取っ手がついたような形の手すり〉を取り付けてくださいました。

母はおもしろそうに、「なんです、これ？　天井落っこちちゃうから？」と、周囲を笑わせます。

介護用具は要介護度に応じて公的介護サービスの対象になるので、レンタルが便利だと感じました。車椅子や歩行器は、骨折したときや、そのリハビリ期間、風邪で元気のないときなど突発的に必要になりますが、すぐにまた不要になる場合もあります。これらをいちいち買っていては不経済。レンタルサービスならば対応も早く、豊富なバリエーションから、その状態に応じて、より本人に適したものを用意してもらえるのでとても助かります。

なんですコレ？
てんじょう
おっこちちゃう
から？

両手いっぱいの石鹸

パタンパタン……どうやら母がタンスを整理しているようです。認知症の母の片付けは脈絡がないので、後でまた入れ直すのが大変。あーあ、という気分。パタパタパタッと、スリッパの音。現れた母の両手には、母の服がいい香りになるようにと、私がタンスに入れておいた石鹸がたくさん載せられていました。

「コレ、よかったら使ってちょうだい」

いいものを見つけたの！　と言わんばかりに笑顔が輝いています。それなのに……

「お母さん、それ私が入れておいたものなんですよ」と、うっかり、事実をそのまま言ってしまったのです。

さっと母の顔が曇りました。「あら、おかしなことになっちゃうわね。ごめんなさい。そんなこともわからなくなっちゃったのね……」パジャマ姿の母は両手の石鹼を見つめながら、あきらかに落胆した様子でパタパタとスリッパの音をさせて部屋へ戻っていきました。

あっ、と思ったときはもう手遅れでした。母がそういう病気だとわかっているのに、つい、自分の都合ばかりを考えて……。このときの悲しげな表情はいつまでも心に残り、後悔の念が消えることはありません。もう一度、母はなにかプレゼントしてくれるでしょうか……。認知症の症状は進んでいく。このまま感情が平板になっていけば、人になにかを贈るなどということも思いつかなくなってしまうかもしれないのです。

こんなところに！

朝5時頃、ふと目覚めて母の部屋をのぞくと、またもや姿がありません。トイレにも、お仏壇の前にも、そしてベランダにも、どこにもいません。えっ、まさか私たちの部屋に？　もしや、と思って暗い浴室を確かめると、なんとバスタブのなかにピッタリはまって眠っていました。なぜか左足だけスリッパをはいて。もうビックリ！

「どうなさいましたか？」

電気をつけてのぞきこむと、「えっ、これ……頭の向き……逆（こう）？」と、見当違いな答えが返ってきます。かわいすぎます。体の前で手をクロスさせる動作もたまりません。

抱き起こして、バスタブからすくい上げました。それにしても、真っ暗ななか、よくこの50センチほどの縁をまたいで入り込めたものです。しかも片スリッパで。

翌日、母の頭に小さなコブを発見しました。かわいそうに、バスタブに入ったときに転んで打ったのでしょうか。水も張っていなかったし、大事に至らなくて本当によかった。

留守中や夜間にお湯を張ったバスタブでおぼれて亡くなる高齢者は多いと聞きます。我が家のお風呂は追い炊きができないのでお湯を残す習慣はないけれど、空っぽだって危ないことに変わりはありません。意表を突いた深夜の母の行動……どうしたら母を守れるでしょうか。

あたまの向き
…逆？
こう？

変化

空っぽの浴槽のなかで眠っていた母を起こし、笑顔で言葉をかけます。

「リビングでお茶でも飲みますか」

私につかまり歩きをしながら、母はまだぼんやりとしています。

「あなた、どこに住んでいるの?」と母。

「ここですよ。私は純一さんの嫁ですよ」と答えると、

「はあ……」と、よく理解できずにいる様子。

そのままトイレで用を足してもらい、リハビリパンツを交換してリビングへ。お茶とヨーグルトをおとなしく食べ、またその場でスヤスヤ。もう……かわいすぎ! なのです。

この頃、夜中に〈大きな声での寝言〉が増えました。一緒に住んでいると、普通に生活できているように感じるけれど、私や夫でさえも、誰だかわからないこともあるし、実際はだいぶ症状が進行しているのかもしれません。昨日もトイレが間に合いませんでした。

このような変化は未然に事故を防ぐためにも、ケアマネージャーさんやショートステイでお世話になっている施設にも申し送りをしておかないと……と、母をベッドで寝かしつけながら独りごちるのでした。

ここですよー
あなた
どこに
住んでるの？

ゆれるスリッパ

ショートステイから戻ってからというもの、急にトイレ（小）が間に合わないことが増えました。夏の暑さでまいっているのかもしれません。

パッドを重ねるなどの対応をしてしのぎます。リハビリパンツも、もうひとつ小さいサイズにしておけば横もれしづらくてよかったと思いますが、買いだめしたのがまだダンボールに2箱分もあるのでした。

必然的に増えるスリッパとスカートを洗う回数。浴室で漂白剤を使わない日はありません。でも大丈夫！　枕やふとん、そしてスリッパなど、昔は考えられなかったものが手軽に家庭で洗える時代になりました。母の身の回りも〝洗える〟シリーズで揃えてあるので、なにがあっても動揺せず、心おきなくジャブジャブジャブと洗い流し、清潔に気持ちよく過ごせるのです。

気がつくたびに「今年は暑いですねえ、汗かいたから着替えちゃいましょうか」と声をかけ、手早く厚手のウェットティッシュで拭き、着替えをしてしまいます。でも母はその都度肩を落とし、

「引け目に思うわ……」

こう、つぶやくのです。

今夜もベランダで夜風にゆれるスリッパ。母の気持ちを思うとせつない光景に思えます。

思い出の〝引き出し〟

母の前に置かれているのは、家族で撮ったスナップ写真、日記帖、父の遺影の入ったカードケースなど、思い出の〝引き出し〟となるものたち。

「この人は誰だったかしら」ある日、母は父の遺影を眺めながら尋ねます。えっ？　それは覚えているはず、と思いながらも「お父さんですよ」と答えます。「私の夫？　そう、なんて名前だったかしら……で、この人はどなた？　……うーん、覚えてないわね。で、あなたは？」というやりとりがエンドレスで続きます。

眠たいせいか、本当はわかっているのにただ自信がもてなくて、確認のために聞いているだけなのか。電気が接触不良を起こしているように、見当識（いつ、どこ、誰）がまったく混濁してしまうときも少なくありません。

「ねぇ、いったい、頭のなかはどういう状態なの？」と、夫が尋ねてみたことがあります。

「なんだかボヤーンと霧がかかっちゃったみたいなんだよ」

目を閉じて、ひざ掛け毛布にもぐりこみながら、そう答える母。そんなふうに表現力豊かに自分の状態が説明できるかと思えば、身近な人の名前も思い出せなくなってしまう……本当に不思議な病気です。

えっとこれは
誰だったかしら…

歯はいのち

高齢になり歯茎が痩せてくると入れ歯がゆるくなり、ものが噛みづらくなります。母の場合も90歳になると、繊維質のものや肉系のものは噛み切れずに口から出され、お皿の片隅に積み上げられるようになりました。前年まではあんなに好きだった焼き鳥でさえ、苦手な食べ物になってしまったのです。

食べたい気持ちは旺盛で、パクッと口に入れるのですが、延々と噛んでも呑み込めないものですから、すっかり疲れてしまい、食事の絶対量が減ってしまうのは残念なことです。

重曹を使って煮込んだり、塩麹《しおこうじ》に漬けてから焼く、などでやわらかくなる食材はよいのですが、そういうものばかりではありません。このままでは大切な栄養素である動物性たんぱく質やエネルギーが不足してしまう……と困っていたところ、ある介護のシンポジウムで、最近の介護用食品が案外おいしい！　ということを知ったのです。

スマイルケア食と呼ばれるこの新しい介護食品は、噛む力の弱さによって分類されており、ドラッグストアやコンビニなどでも販売されていることもあります。レトルトですでに調理されたクリーム煮や南蛮漬けなどメニューも豊富。手抜きと言われそうですが、手軽でおいしいのですから時々はよいのではないでしょうか。ちょい足しで、肉じゃがをコロッケに変身させるなどの工夫をして、我が家の味にするのも楽しいものです。

8020（ハチマルニイマル）運動というのがあるそうです。楽しい食生活と健康のため、80歳になっても自分の歯を20本以上保つことを目標にしようという運動です。

母の時代はそのような考え方がなかったため、早々と総入れ歯にしてしまいましたが、結局それが健康寿命を妨げることになっているようにも思います。

3年後、母は自分で入れ歯をはずしてしまいました。それにともない食事もミキサー食に。歯の問題は食事がやわらかいものに変化する、ということに留まるものではありませんでした。固いものを噛まないことで、口の筋肉がどんどん弱くなっていったのです。それによって口を閉めておくことが難しくなり、いつも舌が半分出ているような状態になってしまいました。

こうなると誤嚥《ごえん》しないよう、より一層の注意が必要です。

あんなにおしゃべりの好きな人だったのに、ひとつの言葉を発するのも、しぼり出すような様子でひと苦労。急速に発語が減っていったのは、認知症が進んだからというよりも、口の筋肉の衰えの方に原因があるように思えてなりません。あのとき無理にでも、入れ歯をつけておいてもらえばよかったのでしょうか。

歯はいのち……というコマーシャルがありましたが、今は、本当にその通りだと思っています。もう他人事ではありません！　日頃から心掛けて自分の歯を残せるようケアをしたいと思います。

5

施設に入ってから
──母とのふれあい

骨折

ショートステイ先で母は椅子から落ちてしまいました。病院で診察してもらった結果は大腿骨頸部骨折。足の付け根の骨折です。

90歳になっていましたが手術は無事成功。再び歩けるようになるための手術でしたが、2ヶ月も寝たきりの入院生活を送ることになった結果、歩くことはおろか、立つことさえもできなくなってしまったのです。

退院を前に、病院の相談員の方から介護老人保健施設（老健）への入所を勧められました。素人の私に母のリハビリをするノウハウはなく、うっかりまた転ばせるようなことになっては大変です。公的介護保険サービスを使って安全にリハビリのできる環境はそこしかな

いことがわかり、愕然としました。

　それまで母の認知症の症状があまり進んでおらず、イキイキと表情豊かであることは、在宅介護の成果だとばかりに得意満面だったのに……入院前と比べてグッと表情が乏しくなってしまった母を前に、怪我によるリスクの大きさを思い知らされることとなりました。

　大腿骨頸部骨折や腰椎圧迫骨折は、お年寄りによく起こってしまう骨折です。ちょっとした動作がこのような大怪我につながってしまうことも多く、そばについて見守る、介助する、などが必要。それでも突発的なことは避けられないのが実情なのです。

　残念なことにこの怪我を境に、母と一緒に暮らすことができなくなってしまいました。

リハビリ

老健では日常生活のお世話をしていただきながら、医学的な管理のもとで機能訓練や必要な医療を受けることができます。〈つかまり立ち〉ができるようになり、一日も早く自宅に戻れることを目標に、リハビリプログラムを組んでいただきました。

ベッドから車椅子に移るとき、すっかり筋肉が落ちて細くなってしまった足は、ガクガクと震えてしまい、おおよそ介助なしでは危険な状態。いつも懸命に自分の力で立とうとするその姿に、母の真面目な性格を垣間見ることができました。

ところが集団での歩行訓練となると、その真面目な性格が生かされません。どうしたわけか、他人事だと思ってしまうようです。他の方が補助手すりをつたって歩く様子に、「それ、ガンバレ、ガンバレ」と、まるで指導の先生のように激励するばかりなのです。とうとうスタッフの方に、「ハイ、次はフミエさんの番ですよ」と、抱えあげられると、さも心外だというようにスタッフの方をにらみつけ、足に力を入れようともしないのです。

2年の間、優しいスタッフの方々にお世話になりましたが、結局のところ入所時とほとんど変わらない〈介助付きでほんの一瞬のつかまり立ち〉ができることまでで精一杯だったのです。

えーっ!

リハビリシューズ

老健では、機能回復のリハビリに取り組むにあたって〈リハビリシューズ〉の購入を勧められました。小学校で履いていたような、上履きシューズでもよいのではないかと思っていたのですが、不自由な足ではつまずいたり脱げてしまったりといった危険がある、というのです。

一方で〈リハビリシューズ〉は、やわらかな素材でしっかりと足を包み込んでくれる形状や靴底のほどよい硬さ、全体の軽さなど、さまざまな工夫が歩行のときの安定感を生み出すのだということがわかりました。

それまで家ではスリッパで過ごしていましたが、歩いているときに脱げてつまずくなどのリスクを考え、これからはいつもリハビリシューズにしよう、と思いました。ピンクの布製のものを購入。かわいくなるように名前の刺繍とパープルの刺繍かざりもほどこしました。

なかなか進みませんでしたが、リハビリの効果は大きかったと思います。少しでも体を動かすことで、腸の働きがよくなり便秘が解消され、食欲も出てきました。規則正しい食事がとれると、脳も活性化され、発語も増えました。そして、日中少しでも体力を使うことで、夜は疲れて眠くなり昼夜逆転を防ぐこともできました。

身体の機能はすべてつながっている、ということを学びました。

特別養護老人ホーム

老健での2年間が終わろうとする頃、ケアマネージャーさんから「ご自宅のすぐ近くに特養〈特別養護老人施設〉ができて、フミエさん、入居ができるそうなんです」と連絡が入りました。

母の要介護度は5で、最重度の介護を要する状態。同居で介護するには家族の精神的、体力的負担は以前に比べても格段の差。特養は慢性的に不足しており、なかなか順番が回ってこない。この機会を逃すとまた最後列に回されてしまうので、前向きに考えたほうがいいのではないか、と言うのです。確かに、老健に入った頃「とにかく申請だけでもしておいたほうがいい」と勧められ、一応……というくらいのつもりで申請書を提出していました。

どうしよう！　岐路に立たされていました。老健のときは、リハビリをしてもらうための一時的な入所であり、その先にはまた一緒に暮らす光景が見えていました。でも特養となると、この先ずっと〈母と一緒に暮らさない〉という選択をすることになるのです。

専門知識もないのに高齢の母の健康を守っていけるかしら。私も50歳を超え、体力的な衰えは否めない。ここに前より重い介護が加われば、仕事もこれまでのように続けるのは難しいかも。反比例して母の介護にかかる経費は増していく一方です……。実際、一時帰宅で母を我が家に連れ帰るたび、楽しさとひきかえの介護の大変さは想像以上でした。

でも……住み慣れた我が家に戻り普通の暮らしができたなら、無機質な施設で過ごすよりも母はずっとくつろげるのではないか。顔を合わせて思い出話をすることが母を快方に向かわせるのではないだろうか。一体どうすることが母の幸せなのだろう。

「無理だよ」夫が絞り出すようにポツリと言いました。自分たちの人生を削って母を看ることは母の本意ではないはずだ、と。

特養を見学に行ってみると、その真新しい建物は清潔でキレイでした。個室も明るく、窓の外には私たちの住んでいるマンションが見えます。元気な頃の母なら、ここに立って手を振ってくれたでしょう。

「こんにちは！」と笑顔で挨拶をしてくれるスタッフの皆さんは若く明るく元気でした。

「看護師も常駐し、病院と提携関係もございますので、万が一、発熱したりお怪我をなさったときも迅速に対応ができます。ご家族の皆様には、いつ、おいでいただいてもいいですし、一時帰宅していただいても結構です。ただ、本当に順番待ち状態なので……ご検討なさってください」施設長さんはカラッとした笑顔でそう言って私たちを送り出しました。

春の日、老健の皆さんに「フミエさんお元気で！」と送り出され、向かった先は特養でした。「ようこそフミエさん！」とまた優しい笑顔が迎えてくれます。母も愛想よくそれに応えて笑っています。

これでよかったのだろうか……心のなかにズシリと重いものを抱えてしまったような気持ちのまま、施設長さんに促され、母を囲んで夫と3人での記念写真がカシャリと撮られました。

幸せをつなぐ絵日記

スナップ写真、季節の押し花、一緒に食べたお菓子のパッケージ……日記は母の記憶代わりであり、私からのラブレターでもあります。母が元気な頃は、テーブルに広げて置いておくと、「おやっ？」というように読みはじめ、顔をあげたときには笑顔になっていたものです。

歩行ができなくなった母は、ほとんどベッドに寝たままです。首ふりという症状が出て、首が前後にゆれてしまうので、文字も読みづらくなっているようです。

それでも「今日の日記ですよ」と、目の前に広げ、指で文字を追って音読すると、目を細めて眺めながら「こうして書いておいてくださると、忘れないからいいわね」と、自分の症状を認識しているかのような言葉をかけてくれることもあり、胸がキュンとさせられます。

母と私が談笑しながらテレビを見ているシーンを描いたイラストを見せたときには、「仲良しなのね」と、澄んだ笑顔でこちらを見つめます。

私のことが誰なのかわからなくても、そんなこと、どうだっていい。今、この人が幸せを感じてくれれば！　と、うれしい気持ちになるのでした。

今日の日記
です。
まあこ
お母様
仲良しなのね！

せつない別れ際

特養にいる母には週に一、二度会いに行きます。

「こんにちは！　おかげんいかがですか？」と声をかけると、目を細め「大丈夫！」とか「まあまあね」などと答えてくれます。

母のところでは、一緒にテレビを見たり、持参した果物を食べたり、昔のアルバムを眺めたりして会話を交わしながら過ごします。仕事で忙しいときには少し甘えて、「眠くなっちゃいました」と言うと、「しょうがないわねぇ」と母。しばし母のふとんにうつ伏せになってウトウト。私にとってここは、仕事から切り離された休憩場所になっているように思います

帰り際に「じゃ、また来ますね」と告げると、「あら、もう帰っちゃうの？　またぜひ来てくださいね」「すぐ来てほしいのよ」などと言われることもあり、預けてしまっていることが心苦しく、申し訳ない気持ちでいっぱいになると同時に、私のことを誰だかわかっていなくとも、ただ一緒にいたい、そばにいてほしい人だと思われていると感じ、うれしく思います。手を振ると、手を振り返してくれることがうれしくて、何度も、何度も手を振るうちに胸がきゅんとなるのです。

※今にして思えばまだ、あの頃は元気でした。そのまま一時帰宅を申請し、連れて帰れば母も喜んでくれたかもしれません。いつも後悔ばかりが繰り返されます。

また ぜひ
来てくださいね
すぐ
来てほしいのよ

母と息子

夜中に電話が鳴るとドキリとします。特に夫は「いやだなぁ」と必ず言葉にし、電話を一瞥して顔をくもらせるのです。

私から見ると、性格も表情もよく似たふたりですが、「母親のことはあまり好きじゃないんだ」と夫は言います。それでも母への思いは強く、症状が進んで、以前のようなビシッと隙のない母親像が失われていくことに耐えられないようです。

「こんな人じゃなかったのに」と、母を見るたびにうなだれ、イライラして言葉を荒らげます。母はというと、そんな我が子の表情に敏感に反応し、プイッとむくれてしまうのです。嫁には入り込めない愛情の深さと、その裏返しの感情のぶつかり合いがあるのだと思います。

「どうせもう僕のことが誰だかもわからないんだから」と、特養にもあまり会いに行きたがりません。

でも、そんなこともみたい。先日、夫がわざとぞんざいに「よっ」と挨拶すると、たいていは「どーも、どーも」と、取り繕うような挨拶をする母が、そのときに限っては、「あら、めずらしい人が来たわね」なんて、ちょっと斜に構えた言い方をしていたもの。実の親子ならではの、照れを隠しながらの佇《たたず》まい。なんともいえず微笑ましく、そしてうらやましく感じるのでした。

よっ!
あらっ めずらしい人が 来たわね

テレビ

近頃は、言葉の少ない母ですが、テレビを見ながら突然ポッと短い言葉が出てくることも少なくありません。

時代劇を見ながら、「ほーら、またケンカしてるわ。男の人ってケンカが好きね」と、女子会トーク。

ワイドショーを見ながら、「こわいわねぇ。お酒を止められたからって殺すことないのにねぇ」と、コメンテーターぶりを発揮。

でもどうやら一番好きなのはグルメ番組のようです。「あれ、なんでしょう？　おいしそうに食べているわ」と、こちらを振り向いて私にも見るように促します。「ほら見て、波がすごいわねぇ、あっ、魚！」「甘いんだって」と、さかんに反応します。そして、「あぁ、カニだわ！　いいわねぇ。誰か送ってくれないかしら」と、お茶目なことを言うのです。まだ元気で家にいた頃と同じようなおしゃべりができることがうれしく、楽しい気持ちで、一緒に盛りあがります。

あと、母はダチョウ倶楽部さんのギャグが大好き。『徹子の部屋』に出演している様子を見ながら久しぶりの大笑い。

「ハハハッ！　おもしろいわね。アッハハハハ！」

なんと!
いいわねー
だれか
送ってくれない
かしら♡

つなぎとめる叫び

「ジャンジャンジャン、ジャジャジャンガジャン！」

この頃、母はこのお囃子《はやし》のような、手拍子のような擬音を大きな声で唱えるようになりました。

「いったい、なんなのだろうなぁ」夫も首をかしげます。

もしかしたら、体が思う通りに動かず、言葉もスッと出てくれない、そんなもどかしい自分を奮い立たせたい、という思いから発せられる自分へのエールなのかもしれない、と私は考えました。自分ももう若くはないので、なにかをはじめるときに、「さぁ、はじめるか！」とか、「ヨイショ！」などと、自分にかけ声をかけないと行動に移れない年頃（？）になってきました。母の気持ちがわからないでもありません。

「そうじゃないと思うよ。大きな声を出すことで、ぼんやりと曖昧になってしまう意識をつなぎとめておきたい、という衝動なんじゃないかな」というのは夫の説。

そうなのでしょうか。楽しいエールのように聞こえていた声が、急に胸に沁《し》み込む悲痛な叫びのように思えてきます。

なにを感じ、なにを思い、なにを伝えたいのか……。せめて、声を合わせ一緒に歌うことでしか母の気持ちに近づく方法が思い浮かばないのでした。

ジャンジャンジャン
ジャジャンが
ジャン！

移動動物園

母の暮らしている特養ではいろいろなイベントがあります。

移動動物園もそのひとつ。施設のエントランスには柵がつくられ、犬、ウサギ、ヒヨコ、ヤギなどが放されます。日頃はぼんやりと感情の起伏が乏しくなってしまった母ですが、目をクルクルと動かし、動物の動きを追っています。

ウサギを抱っこさせると、「ふわふわして温かいわね」と、目を細め、イタズラしたがる犬には「ダメだよ」と諭します。ワンワン、ピヨピヨ、メェメェ……。目、耳、鼻、さわり心地……五感を刺激する動物たちは、脳にもよい刺激になっているようです。

いつもは周りの方にお世話をしてもらうばかりですが、こんなふうにかわいらしい動物たちを前にすると「なにかしてあげたい」と、いつもの立場とは逆の、母性のようなものがよみがえってくるのかもしれません。

かわいい動物を抱えて、いつになくはしゃいだ表情の母を見て、施設のスタッフの方々も、

「きゃあ、かわいい、フミエさん！」

と、写真を撮ってくれました。かわいいものに触れてかわいい笑顔になり、それを見た人にかわいいと愛される……かわいいの連鎖。私も心がほんわかと和みました。

キャッ
キャッ！

音痴じゃダメなの

「もとはおしゃべり好きだったのです。反応が薄くてもなるべく声がけをしてあげてください」と、スタッフの方にお願いしています。施設の方も、「今日はたくさんしゃべりましたよ！」とか「最近はこんな歌を歌ってくれます」など、その都度報告してくださいます。

最近の母の発語は、

「大丈夫」（大丈夫ですか？　という問いかけに対して）

「すごいわね」（マンゴーを見て）

「キレイだわね」（私の生けた花をみて）

「懐かしいわね」（アルバムを見て）など。

注目すべきは、短い言葉ではありますが、ちゃんと状況を理解しての適切な返答だということ。口の筋肉が良好であれば、もっといろいろなことをお話ししたいにちがいない、と思えます。

歌の上手な佐藤さんが「ポッポポッポッ」と歌うと、「ハトポッポ」と笑顔で続きを歌う母。「どんぐりコロコロ」と歌えば、「どんぐりこっ」と、これまた得意気に続けて歌います。

私は歌が苦手なのですが、母の歌声が聞きたくて一念発起！「ポッポポッポッ」と歌ってみますが、知らーん顔。やっぱりどこか音程がハズれているのでしょうか……つれない母です。

食べることは生きること

やはり、「食べる」ことは身体的な健康だけでなく、精神の面からも大切な「生きる力」になっていると感じます。

認知症になると、味覚にも支障をきたしてしまうことがあるようですが、単に舌で味わうということだけではなく、視覚や昔の記憶（比較的昔のことは失われにくい）で味わうことができるのでしょう。

今ではゼリーやペースト状のものしか食べられないのですが、ミキサーにかける前に実物をパッと手品のように見せて印象づけをしたり、パッケージや同じものをもうひとつ目の前に置く、などしてなにを食べているのかがわかるようにすると、目元に笑みが宿り、

食べることを楽しんでいることが伝わってきます。

　母の好きな桃やカニなどを「ジャーン」と取り出して見せます。

　すると、「モモッ」「カニッ」などと、大きな声でうれしそうに発語してくれることもあり、家族の喜びとなっています。

　いつも季節の食を楽しみ、慈しんでいた母。こんなものが好きだったな、これを見たらどんな表情をするだろう、なにを思い出すかしら、などと考えながら食材選びをすると、こちらも自然に旬を意識することとなり、母のおかげで単なる買い物も楽しいものになっています。

今できることは今のうちに

今、当たり前にできていることが、一年先にはできなくなってしまうかもしれない……。ここ数年の日記をふり返って見てみると、つくづくそう実感させられます。

「認知症は発症して10年ほどで言葉も失い、寝たきりになってしまうのですよ」と、言われたことがありましたが、それは本当のことになりつつあります。

母のいる特養では、時折『とげぬき地蔵』などに連れて行ってくださいます。先々で撮られた写真の母は楽しそう。私のいないところであんなに大きな笑顔を振りまいているなんて、ちょっとやきもちをやいてしまうくらいです。ソフトクリームを食べてはしゃいだり、普段できないことをさせてもらえてよかった、と感謝しています。

寒くないかしら、日射しが強すぎないだろうか、人混みで疲れてしまわないかしら……そこにはいつもデリケートな小鳥をいたわるような細心の配慮が求められるけれど、一緒に出かけなければ得られない表情や言葉はかけがえのないものだから。

そばにいられること、何気ない毎日の暮らしが、こんなにも幸せなことだったのだと。それが失われつつあるなかで、ようやくそのありがたみに気づかされます。

だから、今できることは今のうちに！

7800

母のためにできること

すっかり筋肉が落ちて細くなってしまった手足をギュッと縮めて、ベッドの上でウトウトしている母。「お母さーん、おかげんはいかがですか？」と、声をかけると、うっすら目を開き、またスーッと閉じてしまいます。

2年ほど前までは「まぁまぁね」などと笑顔で答えてくれたことが、今となっては懐かしく思い出されます。その頃は、家族の写真やおいしい食べ物、新しい服、お花などに反応し、「まぁ、めずらしいもの！」とか「わぁ、おいしそうね！」と、目を輝かせてくれたものでした。

でも、今は字や写真を見ても、あまり反応がありません。食べ物を飲み込むのもひと苦労。どうしたら母は喜んでくれるでしょう。

タクティールケアというのがあると聞き、いい香りのするアロマオイルを使って、マッサージをしてみることにしました。ギュッとなっている手や足を、そおっと伸ばして優しくほぐしていくと、だんだんに力がぬけていくのがわかります。言葉はないけれど、手と肌が直接触れることで、お互いの気持ちが伝わるようにも思えます。気持ちいいと感じてくれているとよいのですが……。

※タクティールケアとはスウェーデンで認知症の緩和ケアとして実践されているメソッド。オイルを使ってやわらかく包み込むように触れることで心地よさや安心感が生まれる。

ふぁーっ♡
ILE

桜

隅田川沿いの桜は本当にキレイです。

温かく着込んだ母を車椅子に乗せお花見に出かけます。4月は母の誕生月。お祝いの食事に出かけるため、桜の木のあるこの場所で、夫の車を待った10年間のことが次々に思い出されます。

「わあ、キレイね。ほら、あんなふうに花びらが舞って……」と、お気に入りのバッグを振り、歓喜の言葉を繰り返し、はしゃいでいたこと。

あるとき、パタリと周囲の景色に興味を示さなくなってしまった母。でも、落ちていた桜の花を手渡すと、「まあ、素敵なもの。こうしてはさんでも家に帰るまでもつかどうか……」ハンカチを広げてそこにはさみ、うれしそうに眺めてくれたこと。

今日が誕生日であることを何度伝えても、「寒いわね。どこに行くの？　誕生日……誰の？」と、ぼんやり尋ねるばかりでお出かけ好きだったことが嘘のように思えたこと。

変化は確実に母を襲い、いろいろな機能を奪っていきました。

それでも母は母。優しく、素直で、感謝の心と気遣いを忘れない性格は変わることはありません。

目が合えばいつもニッコリ。その笑顔は、すべての悲しさから私を救ってくれたのです。

来年もまた春が来れば桜の花が咲くでしょう。そのときはまたこうして一緒に……

エピローグ

母から私へのラブレター

人は「うまく生きる」ことや「頑張ること」に関しては目を向け、エールを惜しまない。でも「弱っていく」ことや「死んでいく」ことからは、つい目をそらしてしまう。

もし介護をすることになったなら、決して自分だけが犠牲になったなどと思わないでほしい。そこには介護に携わらなかったなら、きっと得られなかったであろう、たくさんの気づきがあるからだ。人として生まれ、人に助けられて育ち、人を思い、思われることで幸せを感じるのだということ。偉い人もそうでない人もみんな等しく、おかしく滑稽で愛すべき生きものであること。自然の流れには逆らえず人は無力だということ。

母は今、その身を挺して「老いて」「弱って」「死んでいく」ことがどういうことなのか教えてくれている。

そして、母の記憶代わりにと書いた日記は、私の記憶を呼び戻すためのものにもなっている。

読み返してみると、母が言葉を話すことができたのは特養入所1年目までのこと。その頃の母は、やがて言葉を失うことを予期しているかのように、私に惜しみなく優しい言葉をかけてくれていたことに気づき、胸を打たれる。

日記は、私から母へのラブレターであるだけでなく、母から私へのラブレターでもあったのだ。

最後に、この本の出版を企画してくださった仁藤輝夫さん、藤川恵理奈さん、そしてデザイナーの三木俊一さんに心からの御礼を申し上げます。そして母にいつも笑顔で接してくださるすべての方に感謝の気持ちをお伝えしたいと思います。

城戸真亜子

2016年秋

城戸真亜子
1961年愛知県生まれ。武蔵野美術大学油絵学科卒業。81年女流画家協会展、98年VOCA展（上野の森美術館主催）入選。86年より毎年個展を開催。東京湾アクアラインPA、「ギャラリー珈琲店・古瀬戸」の壁画、京都木津学研都市や、荒川区南千住再開発地のモニュメントなども手がける。
ほか、テレビ・CM出演、アートプロデュース、執筆、介護にまつわる講演など幅広く活動。著書に『ほんわか介護 私から母へありがとう絵日記』（集英社）など。

本書のカバーおよび本文の一部は、
「ほんわか介護」（城戸真亜子著、集英社刊）に
収録のイラストを使用しております。
プライバシー保護のため、本書に登場する
人物の名称は一部仮名を使用しております。

イラスト　城戸真亜子
デザイン　三木俊一（文京図案室）
校正　中島海伸
編集担当　仁藤輝夫／藤川恵理奈

記憶をつなぐラブレター
母と私の介護絵日記

2016年11月11日　初版第1刷発行

著者　城戸真亜子
発行者　原雅久
発行所　株式会社朝日出版社
〒101-0065
東京都千代田区西神田3-3-5
電話03-3263-3321（代表）
http://www.asahipress.com
印刷・製本　大日本印刷株式会社

ISBN　978-4-255-00959-9 C0095